silke weizel

AF220217

zwischen menschen

und dingen

ein dankeschön
an meine wegbegleiter

Bibliografische Information der Deutschen Nationalbibliothek:
Die Deutsche Nationalbibliothek verzeichnet diese Publikation in
der Deutschen Nationalbibliografie; detaillierte bibliografische
Daten sind im Internet über http://dnb.dnb.de abrufbar.

Impressum

© I. Auflage: 25. September 2022

© Coverbild: Silke Weizel

© Foto: Romy Karbe

Umschlaggestaltung: Silke Weizel

Layout: Silke Weizel

Herstellung und Verlag: BoD – Books on Demand, Norderstedt

ISBN: 978-3-7562-3500-1

Vorwort

Lyrik – seit der griechischen Antike eine literarische Gattung um Gefühle und Gedanken poetisch auszudrücken.

Fühlen, denken, lobpreisen, anklagen – feinsinniges Überlegen, mit dem Wunsch, kleine und große Wunder dieser Welt für Sprach-Ästheten greifbar zu machen.

Als ich Silke das erste Mal live auf einer offenen Lesebühne in Chemnitz erlebte, habe ich mich in ihre Wortspielereien verliebt. Ob sanft, fordernd, ironisch oder beschreibend, sie ist immer auf den Punkt genau.

Tauchen Sie ein, in Außen- oder Innenwelten, und alles, was zwischen Menschen und Dingen unserem Leben einen Sinn gibt.

Sina Blackwood

Juli 2022

gedichte

und manchmal schreibe ich gedichte
nein, es ist das leben, das den tag beschreibt
es sind wohl wunderschöne farben und auch düfte
es ist was abends noch vom tag so übrig bleibt

und manchmal schreibt der tag mir neue worte
er zeigt mir frühlingshaftes himmelsblau
er sagt mir aber auch wo mauern stehen
ob ich mich eines tages wirklich da hinüber trau'?

und heute schreibe ich die worte nieder
dein lächeln trägt mich ruhig durch die nacht
und deine stimme klingt in meinen träumen wieder

nun weiß ich sicher
wer im schlaf mir in gedanken wacht

der wald

ehrfurcht, tiefe, atmen
stille, ein rauschen

angst - dunkelheit, eine lichtung

da plötzlich wasser - ein Quell
ein starker Quell, fast unbemerkt verändert er
was immer schon gewesen
schafft neue wege sich
ergänzt was bleiben muss
und siehe, selbst der kantigste der steine wird
schmeichelhaft rund in seinem fluss

an seinem bett das grüne Moos
ganz warm und ruhig und still
ganz so, als ob es ihn beruhigen will

da ist die Eiche, die schon hundert jahre zählt
ganz rauh der stamm
sie hat schon viel gesehen
was mag sie alles uns erzählen
wie groß ist ihrer krone last?
fast zärtlich lässt ein blatt sie gehen

und hast du angst, zeigt dir der Quell den weg
ein weicher, sanfter boden
aus nadeln, laub und erde hilft dabei

die sonne geht, die nacht wird nun erscheinen
und ehrfurcht deckt die lichtung zu

wasser

ein tropfen auf heißem, schwarzen asphalt
verdampft

der tautropfen morgens am gras
die sonne spiegelt sich
bleibt

ein rauschen an schattigem, kühlen meer
verklungen

regen trommelt auf die leere zinkwanne
bleibt

ein bächlein im wald hat ein lied gesungen
hört, es ist in gedanken noch immer

Wasser

Durst - Wasser
Ruhe - Wasser
Kühle - Wasser

der silberne see spiegelt glitzernd den mond
Wasser lebt uns ganz eigen auf seine weise

Wasser?

jeder tropfen wählt seine reise

baumfreundschaften

da stehen sie - baumfreunde

sagen sich alles
raunen sich zu
sind immer und immer da

zittern gemeinsam im sturm
lassen die zweige
einander sanft berühren

zeit schenken sie sich
ein leises, freudiges winken
im mondlicht
und geduld

da stehen sie - baumfreunde

stark und verletzbar zugleich
spenden sich trost - und freude
manchmal streift des einen blatt
des anderen krone
ehrfürchtig und voller respekt

da stehen sie - baumfreunde

für immer beieinander

herbstlaub

bin klein
bin stumm
bin eins von vielen

von tausend blättern eines da im wind

herbstsonne wärmt die kalten tage
wie anders plötzlich meine farben sind

ein hauch von gelb an klarem, grünen herzen
fühlt ehrlich noch des sommers schein
doch etwas ändert mich
ein herbstlich stiller zauber
taucht bald in leuchtend rot mich ein

EIN UNBEKANNTES ROT

es fühlt sich seltsam an und neu

ein windhauch - blauer himmel - herbst
ein rotes blatt - ob ich mich darauf freu?

das rot, es ruft nach mir
ich lass es mich verwirren

grün
gelb
orange
Nun ROT! komm zeig es mir

der blaue himmel schaut uns zu

es tanzen tausend blätter
ich tanze nur für mich
ein rotes blatt im wind
wie stolz und schön und frei
mir die gedanken sind

herbstsonne
duft von laub und stein
ein blatt von vielen
still, doch nicht mehr stumm
nicht groß doch nur von außen klein

19

gedanken

plötzlich bist Du da
in meinen horizont gestolpert
oder ganz aufrecht eingetreten?
oder habe ich Dich hereingebeten?
Du bist da - ich denk an Dich

Dein buch ist ein anderes als meins
die sprache ist gleich
wir lesen dasselbe thema
kapitel 5 und 9 gleichen sich auch
weiter sind wir noch nicht
Du liest Dein buch - und ich denke an Dich

hörst Du das rauschen der quelle?
am bach im wald neben dem see
da sitz ich am liebsten - und wenn ich geh
setzt Du dich da hin
weil ich ganz zufällig immer hier auch
an Deinem lieblingsplatz bin

ich hab mein buch hier vergessen
Du hast daneben gesessen
und später dann, als ich es wieder fand
stand eine widmung darin
aus Deiner hand

vielleicht dachtest Du an mich - ich denk an Dich

augenblicke

augen - blicke - menschen

siehst du mich - an - seh ich dich - an

sind augen-blicke immer ehrlich?
ganz sicher doch, sie sind der augenblick
sind stumm und schön und tief - fast unerbittlich
sie kommen in gedanken stets zurück
sind manchmal traurig auch und voller leere
und suchen wo ein raum der ruhe wäre

sind glück, sind kleine meere, ein kamin
sind schokoladig heiß und kalte bäche
die leise flüstern und vorüber ziehn

sind halt und hoffnung
sind auch licht und wärme
und leuchten sind sie auch und sturm

wie können augen blicken?
wie können blicke uns berühren?
kann jedes auge jede seele lesen?
sind es nicht menschen
deren blicke last uns fast erdrücken?
sind es nicht menschen deren blicke uns verzücken?

mag sein, ein jeder leuchtet anders
von mensch zu mensch ist wechselnd auch der blick
doch augen blicken, lesen tief und gründlich
und jeder blick lässt einen weiteren zurück

der bibliothekar

glücklich sitzt er da
auf seinem stuhl
an seinem tisch
mit seiner kleinen, runden brille auf der nase
und träumt
der bibliothekar

eiskalt am tage, wenn er es muss
doch butterweich und sanft, wenn er es darf
abends umschlungen von seinen büchern

er atmet den duft der worte
seine gedanken in geschichten versunken
sein blick auf buchrücken gerichtet
umgibt ihn ein stilles flüstern

seelenfunken

da sind die seelen der bücher
da ist die seele seiner bibliothek
die immer schon war und immer sein wird
und die die seine schon ewig kennt

mit seiner kleinen runden brille auf der nase
an seinem tisch
auf seinem stuhl
sitzt er da

glücklich träumend
der bibliothekar

Werte

Werte, haben wir Werte?

was bist DU wert?
was ist ES wert?
was bin ICH wert?
wer wertet, was es wert ist?

ICH werte, was mir WERT ist

sekunden in deine augen seh'n
momente umschlungen vor'm fahrstuhl steh'n
gedankenverbunden über wiesen geh'n
einander wertvoll zur seite steh'n

jede sekunde ist es wert!

Werte, haben wir Werte?
und wie wertvoll ist materie?

Werte sind nicht bezahlbar
Werte kannst du nur fühlen
blicke sind tief wie meere

worte sind wasser auf mühlen
düfte verwirren die sinne
berührungen streicheln die seele
nach salz schmecken unsere tränen

das leben ist wert, Werte zu leben

musik

lachen - kälte - die fassade lacht
doch ach, wo ist das leben?

kann hinter dichtem grau es blaues glitzern geben?
kann wärme mich aus meinem grau erlösen?

Nein! Grau!
bin aufgewühlt und denke farben
es schmerzt - narben

leise - Oh!   ein ton - woher - wohin?
kann sein, dass ich erfroren bin?
da noch ein ton, ein leiser
zaghaftes hellgrau über meinem blatt
wird hellblau schon Ich kann die töne sehen
ein fünkchen wärme regt sich in mir drin

hab nicht gedacht, dass ich das nochmal wage
zu grau der schmerz zu grau die leeren tage

Töne - eine Melodie   blau - lieder - freude - hoffnung

lächeln - die töne sind zurück
musik ist laut und leise, musik ist lebensinn und glück

ich kann sie nehmen oder geben
kann mich drin fangen und auch lösen
ich kann ihr lauschen oder singen

Ich singe - Singen hilft mir leben

was einen Freund ausmacht

Dich respektieren, wie Du mich
Dich achten, Dir vertrauen schenken
nicht immer Deine meinung teilen
und doch versuchen, sie immer zu versteh'n

mit gnadenloser ehrlichkeit Dir meine worte sagen
und klar dahinter steh'n, wie Du es von mir kennst
Du wirst - ich werde diese ehrlichkeit ertragen
wir achten, dass einer den and'ren nicht verletzt

brauchst Du ruhe, wirst Du mir das sagen
brauch' ich Deine schultern, lehne ich mich an

wir spielen uns nichts vor
wir hören, sehen, fühlen
schätzen uns - bedingungslos

das macht eine freundschaft groß

(k)ein held

Du willst ein held sein?
wer will schon einen helden?

Du bist viel besser
wenn Du einfach bist

Du bist viel besser
denn Du bist der allerbeste freund

Du willst ein held sein!
bist DU nicht wie DU bist viel mehr?

Du musst kein held sein
denn für mich wirst DU die Welt sein

Du

wohliger schauer durchströmt mich
flüchtiges lächeln in deinen augen
diese tiefe macht süchtig

ganz kurz nur siehst du mich an
deine warmen hände auf meinen
die finger berühren sich wortlos

wir weinen

das grau in deinen haaren
die fältchen in deinem gesicht
alles zeichen der zeit
was interessiert es uns
was interessiert es dich und mich

gemeinsam

kleine gesten
geteiltes lachen
miteinander weinen
zusammen schweigen

worte die nur zwei verstehen

gemeinsam miteinander
nicht immer nur die ebnen wege gehen

aufmerksam einander achten
freundlich sich zur seite stehen
nie das interesse am anderen verlieren

und jeden tag ein stück des weg´s

gemeinsam gehen

meine welt

du hast so viele gedanken in deinen augen
dein blick ruft nach steter veränderung
dein abend nährt sich vom leeren wasserglas
und mein morgen vom kalten ingwertee

deine wege führen mich am fluss entlang
jeder für sich haben wir dasselbe ziel
du siehst mich an und weißt
dass deine birke mein tagebuch ist

du nimmst den stein
der sicher in deinen warmen händen liegt
dass er von mir ist kannst du nicht ahnen
dein gefühl sagt
dass er dich begleiten soll

willkommen in meiner welt

der weg

gedanken, so viele gedanken
und bilder, so viele farben - im kopf
töne - laute, schrille töne und dann leise musik
und alles um dich versinkt in phantasie

ruhe, wärme und sicherheit
und dann ist da keine angst mehr

angekommen

vom schenken

das leben ist geben und nehmen

doch wer gibt wie viel
und wer nimmt wie oft?

und kannst du geben ohne dies zu spüren?
kannst nehmen ohne es zu wissen? - Ja!

aus tiefem herzen schenk ich dir
was ich gern hätte
dass du dich daran freust
zeigt mir dein blick

so schenkt dein nehmen mir ein geben
vielleicht nur eine geste
mehr brauch ich nicht zurück

menschen

menschen sind seltsame wesen
haben worte, die kann man nicht lesen
haben sätze, die können sie fühlen
haben blicke, die tief in dir wühlen

sind da,
als wär'n sie nie woanders je gewesen

menschen sind seltsame wesen

menschen sind zeitliche wesen

haben tage, die kann man nicht zählen
haben wochen, die wollen nie enden
haben Jahre, die kannst du nicht lenken

sind so,
als wär'n sie immer schon genau wie jetzt gewesen

menschen sind seltsame wesen

und liest du zeitlos tiefe worte
und fühlst du endlos schöne sätze
und wühlen in sekundenschnelle dich blicke auf
schon fast vergessen
weil vom staub der jahre fast erstickt
dann ist es, dass die uhr des lebens in dir tickt

dann ist die zeit, das leben zu genießen

Novembergrau

und jeder macht nur seins
und jeder sieht nur sich
und jeder gönnt dem andr'en - nichts

Novembergrau

und grau sind die wege
und grau sind die menschen
und kalt ist die welt

Novembergrau

und waren die menschen im sommer noch schön
voller träume und freude und lachen?
sind die selben noch doch eisig grau
scheint fast, als wäre mit dem letzten sommertag die
menschlichkeit gegangen

Novembergrau

die seelen sind in diesem grau
wohl bis zum nächsten licht gefangen

die treppe

wenn unter tränen du auf deiner treppe sitzt
wenn jeder andere dir zu viel nähe ist
wenn deine freude nur noch trauer ist

und wenn der himmel
nicht mehr blau - nur grau noch ist

dann gibt es jemanden der weiß
welch wundervoller mensch du bist
der deine augen leuchten sieht
der mit dir farben spüren kann
der ganz behutsam deine hände nimmt

mit diesem menschen kommst du endlich bei dir an

wenn worte fehlen weil du sie nicht hast
dann hör ich sie und sprech sie für dich aus

nun komm

ich kenne deinen weg
ich kenne mich in dieser welt schon aus

kalt

warum sind menschen so kalt?
warum? kälte?

überall

mitgefühl - nein

neid!
macht!
geld!

kälte!

Lügner

du sagst mir worte
doch du meinst sie nicht
du sagst mir immer, was ich hören will
ich zeig dir orte, doch die fühlst du nicht
ich leb in deiner welt und du in meiner

du schenkst mir blumen
doch ich will sie nicht
du bringst sie nur und gehst gleich wieder weg
ich schenk dir tränen, doch du schmeckst sie nicht
ich leb in meiner welt und in deiner

geh fort, du hast dich lang genug belogen
geh schnell, sonst tut es mir am ende weh

ich bleib in meiner welt
die liebe die hier war ist längst verflogen

und wenn du bleiben willst
dann machst du, dass ich geh

ruhe

wenn tief in deinem grunde ruhe wohnt
und deine ruhelose kraft dir wege findet

wenn deine schulter sich der last befreit
du einfach sein darf, was du immer wolltest
nur zuzulassen fiel dir schwer

wenn tränen fließen dürfen ohne aber
wenn ich auch ich bin, und ich zu mir steh

wenn wärme kälte überdauert
wenn blau und rot und grün sich nahe sind

wenn herbst und frühling sich einander nähern
und plötzlich sich ganz fest zur seite stehen

dann lebt vertrauen, dann ist mut auch machen
dann erst wirst du lieben, leben
und harmonie wird dir die ruhe geben

dann wird der tag dir, werden die sekunden
dir ruhe geben die du dann gefunden

hörst Du

hörst Du, wie dieser mensch sich fühlt?

er fühlt sich schlecht
er schreit dich an und tobt

doch hörst Du, wie dieser mensch sich fühlt?

siehst Du, was dieser mensch erlebt?
er ist oft ungerecht und sehr gemein

doch siehst Du auch, was dieser mensch erlebt?

und ahnst Du,
wie oft er nachts im schlafe leise weint?
nur dann, wenn keiner etwas davon sehen kann?
er weint! weißt Du? er weint

er ist so alleine mit seinen gefühlen

warum sagst Du ihm nicht,
dass Du ihn gern siehst?

warum zeigst Du ihm nicht,
dass es gut tut, wenn ihr miteinander sprecht?

warum sagst Du nicht endlich,
dass er dir wichtig ist?

fließende zeit

zu allem bereit
zum machen und tun
zum helfen und leisten
zum liefern und bieten
nur nicht zum ruh'n

so fließt die zeit

zu allem bereit
zum scherzen und lachen
zum freunde treffen
zum natur genießen
für schöne sachen

so fließt die zeit

und die zeit darf fließen

einfach leben

überall MENSCHEN
alles schreit mich an

ich will doch nur leben
ich will doch nur einfach leben
und ein bisschen glücklich aussehen

MENSCHEN überall
aber ich möchte bäume
die mir luft zum atmen geben
und vögel die mir ein lied singen
und ich möchte ruhe - ganz viel ruhe

überall MENSCHEN

ICH WILL LACHEN
ICH WILL TRÄUME LEBEN
ICH WILL NIEMANDEM GEFALLEN MÜSSEN

ich will einfach leben

ruhelos

und bist Du ruhelos, so finde ruhe
und bist Du rastlos, suche eine rast
bist Du wortlos, leih Dir meine worte
und kannst Du weinen, so tu es ohne last

nun wirst Du ruhig, vögel singen in den wäldern
das moos am alten steg lädt still Dich ein
nun finden worte Dich und hören erste töne

nun zieht gleich neben tränen freude ein

bald wirst Du freudig über wiesen streifen
vielleicht bist Du gedankenleicht und froh
nun wirst Du allem zweifel stark paroli bieten
die zeit sie wird es zeigen

denn sie vergeht so oder so

Juliette

Mama!
Mama, wo bist du?
Warum liebst du mich nicht?
Gut dass Monique, die Bärin, bei mir ist.

Mama!
Mama, wo bist du denn?
Es ist Krieg und ich habe Angst.
Ich habe Angst um Dich, um Irène und um Monique.
Ein bisschen auch vorm Sterben, Mama.
Es ist doch Krieg! Es ist doch Krieg.

Tränen laufen mir über´s Gesicht und ich schweige.
Jemand klopft laut an die Tür und ich schweige.
Ich habe Angst, Mama. Ich bin allein und ich schweige!

Sie haben uns geholt, Mama.

Es ist Herbst. Ich bin erst 16, fast noch ein Kind.
Ich habe es überlebt. Doch was ist das für ein Leben?

Mama, Irène, wo seid ihr? Alles ist grau und leer.
Ich bin doch erst 16, fast noch ein Kind
und ihr seid nicht da.

Da endlich.
Aber du gehst schon wieder Mama.
Du liebst mich nicht!
Weißt du, ich lebe jetzt besser ohne dich!

niemand

kleiner mensch
keine freunde
angst im blick

alles laut und schrill
große welt voller gesetze

ich bin niemand

etwas berührt mich
ein satz - zwei menschen nur
vertrauen und verstehen

atmen
anlehnen
auffangen

ICH

sei immer du

sei willkommen kleiner mann
in dieser welt

sei immer du und lass dich nicht verbiegen
sei stolz und laut
sei leise auch und fordernd

doch sei immer du

sei willkommen in dieser lauten schrillen zeit
freu dich auf die menschen rund um dich
und freu dich auch
auf deinen weg voller geborgenheit

doch sei immer du

Manchmal - aus Kindertagen

Manchmal
lachen die anderen Kinder über mich
das macht mich traurig
doch ich sag es nicht
doch zeig es nicht
und weine nicht

Manchmal
rennen alle viel schneller als ich
springen alle viel höher als ich
schreiben alle viel besser als ich
malen alle viel schöner als ich
Warum kann ich das nicht?

Manchmal
feiern alle viel länger als ich
haben viel mehr Freunde als ich
lachen alle viel lauter als ich

...und doch
sie lächeln nicht
ihre Augen leuchten nicht

...und doch
ist ruhe in mir drin

...und doch
mag ich mich
so wie ich bin

vom sterben

hab keine angst
vor dem was du nicht weißt
hab keine angst

schau

dir werden blumen blühn
schmetterlinge fliegen
dir wird, so glaube ich
dein seelenmensch begegnen
ihr werdet freude weinend dann
euch in den armen liegen

hab mut, hab kraft
heb deinen blick mit stolz
sei einfach du
und schließe mit dir frieden

In stillem Gedenken - Licht

Siehst Du die wunderbare Insel da im Licht?
Sie ist von Wärme voll und voller Phantasie
Voll frühlingshafter Leichtigkeit und Zauberei

Da flieg ich hin
Und bin ich angekommen
Und hab mein Nest bereitet
Dann sag ich's dir
Erst dann

ISBN 978-3-7557-9927-6

Silke Weizel

wurde im April 1971 in Karl-Marx-Stadt geboren.

Sie ist mit ihrer Geburtstadt bis heute verwurzelt.
Hier erlebte Silke Weizel eine Kindheit zwischen
familiärer Geborgenheit, Natur und Wissenschaft.

Ihre freie Zeit verbrachte sie bis zum Studium fast täglich
im Kosmonautenzentrum, von dessen Stammpersonal
und Raketenmodellsportlern sie nicht wegzudenken war.

Neben ihrem Beruf im Maschinenbau
liebt sie das Schreiben, die Musik und die Kunst.

Sie ist Mitglied im Freien Deutschen Autorenverband Sachsen.
www.fda-sachsen.de